사진을 붙여주세요

나는 매일매일 말씀 먹고 자라는

303비전 꿈나무

입니다!

마땅히 행할 길을 아이에게 가르치라
그리하면 늙어도 그것을 떠나지 아니하리라

[잠 22:6]

Start children off on the way they should go,
and even when they are old they will not turn from it.

303비전 꿈나무
성경암송노트

303비전성경암송학교 엮음

3단계

규장 • 303비전성경암송학교

어린아이들과 젖먹이들의 입으로 권능을 세우심이여

"주의 대적으로 말미암아 어린아이들과 젖먹이들의 입으로 권능을 세우심이여 이는 원수들과 보복자들을 잠잠하게 하려 하심이니이다"[시 8:2]

303비전 꿈나무들을 위하여 1,2단계와 3,4,5단계로 제작되어 온 303비전 꿈나무 성경암송노트를 새롭게 제작할 수 있게 해주신 하나님께 감사드립니다.

303비전 꿈나무 성경암송노트는 303비전성경암송학교의 초대교장이신 고(故) 여운학 장로님이 303비전 꿈나무들을 위하여 보기에도 아름답고, 암송하기도 쉽고, 들고 다니기 간편한 암송노트를 만들기 위하여 오래 기도하며 연구하여 얻은 첫 열매입니다.

우리나라의 모든 어린이가 어려서부터 하나님의 말씀을 부지런히 암송하는 훈련을 쌓아서 말씀으로 부요케 하려는 고 여운학 장로님의 기도와 정성으로 맺은 꿈나무 암송노트를 16년 만에 개편 증보판으로 새롭게 제작하게 되었습니다.

말씀을 더욱 사랑하는 아이들로 자라도록 더 많은 사랑과 기도로 제작하였습니다.
'어린아이들과 젖먹이들의 입으로 권능을 세우시는' 하나님께서 우리 자녀들의 마음에 새겨준 말씀을 물맷돌로 사용하셔서 원수들과 보복자들을 잠잠하게 하실 것입니다.
뿐만 아니라 어려서부터 삼가 들은 하나님의 말씀이 우리 자녀들을 세계 모든 민족 위에 뛰어나게 하실 것입니다[신 28:1].

어린 자녀들은 태에서부터 받은 하나님과 부모의 사랑을 말씀 안에서 풍성하게 누릴 수 있도록 이 책을 애착하여 소장하며, 지속 반복할 수 있도록 아름답고 예쁘게 꾸몄습니다.

이 책에는 303비전성경암송학교 유니게 1,2,3단계의 구절들이 순서대로 기록되어 있습니다.

303비전 꿈나무 모범생, 장학생으로 가득한 세상을 꿈꾸며 모든 부모님은 유니게와 로이스의 마음으로 자녀들이 말씀을 가까이하며 자라도록 이끌어주시기를 바랍니다.

6 오늘 내가 네게 명하는 이 말씀을 너는 마음에 새기고
7 네 자녀에게 부지런히 가르치며 집에 앉았을 때에든지 길을 갈 때에든지
누워 있을 때에든지 일어날 때에든지 이 말씀을 강론할 것이며
8 너는 또 그것을 네 손목에 매어 기호를 삼으며 네 미간에 붙여 표로 삼고
9 또 네 집 문설주와 바깥 문에 기록할지니라
[신 6:6-9]

303비전성경암송학교 교장
한창수

말씀암송이란 무엇인가?

1. 말씀암송은 말씀이신 하나님을 내 안에 모셔 들이는 영적 예배입니다. [요 1:1 ; 롬 12:1]

2. 말씀암송은 생명의 성령의 법이 나를 주관하게 하는 순종훈련입니다. [롬 8:2]

3. 말씀암송은 성령의 권능을 받기 위한 즐거운 영적 근력 운동입니다. [행 1:8]

4. 말씀암송은 하나님을 내 안에 모셔 들이기 위한 거룩한 작업이며 즐거운 수고와 노동입니다. [롬 12:11 ; 시 126:5]

5. 말씀암송은 성령의 검을 갈고 닦기 위한 성도의 영적 무장 행위입니다. [엡 6:17]

6. 말씀암송은 성도에게 복을 내려주시기 위한 하나님의 특명입니다. [신 28:1-6]

7. 말씀암송은 온유한 자녀를 얻는 말씀암송 태교의 핵심 코스입니다. [시 139:13]

8. 말씀암송은 하나님 중심 자녀교육을 위한 부모의 필수 기본 조건입니다. [잠 22:6]

9. 말씀암송은 자녀교육을 위하여 부모에게 내리신 하나님의 지상명령입니다. [신 6:4-9]

10. 말씀암송은 성도의 마음을 기쁘게 하고 눈을 밝혀주는 영적 보약입니다. [시 19:8]

11. 말씀암송은 천국시민권자에게 주어지는 자랑스러운 특권입니다.
[빌 3:20]

12. 말씀암송은 홍수에도 휩쓸리지 않을 믿음의 집 초석을 놓는 작업입니다.
[롬 10:17]

13. 말씀암송은 모든 병을 고쳐주는 만병통치약 '사랑소'의 촉진제입니다.
[막 16:18]

14. 말씀암송은 자신감, 집중력, 자제력, 창의력의 보물창고 만들기입니다.
[시 119:9]

15. 말씀암송은 하나님과의 영적 사귐을 위한 큐티의 필요 조건입니다.
[수 1:8]

16. 말씀암송은 날마다 암송가정예배를 드리기 위한 필수 과정입니다.
[시 128:1-3]

17. 말씀암송은 믿음의 가정을 환하게 밝혀주는 아침 햇살입니다.
[사 60:1-3]

18. 말씀암송은 성령의 아홉 가지 열매를 거두어들이는 추수 작업입니다.
[갈 5:22,23]

19. 말씀암송은 사모하는 마음과 갈급한 심령에게 주시는 하나님의 상급입니다.
[시 107:9]

20. 말씀암송은 주 안에서 새사람으로 태어나게 하는 민족 개조 운동입니다.
[요 3:3 ; 고후 5:17]

303비전 꿈나무 성경암송노트

활용의 지혜

1 매일매일 즐거운 마음으로 가정예배를 드립니다.

매일매일 말씀이신 하나님을 우리의 가정에 모시는 마음으로 즐겁게 가정예배를 드립니다. 말씀을 짧게 끊어 구절마다 색깔을 예쁘게 넣었습니다. 303비전 말씀암송 가정예배 순서를 따라 매일매일 즐거운 마음으로 가정예배를 드려요.

2 꿈송과 맘송을 부르며 암송예배를 시작합니다.

303비전 꿈나무 주제가인 〈303비전 꿈나무송〉과 303비전 성경암송학교 주제가 〈엄마와 함께 암송한 하나님 말씀을〉로 밝고 힘차게 찬송합니다. 힘차고 정겨운 찬송으로 암송의 정서가 온 집안에 흘러넘치게 됩니다. 찬송 후 〈303비전 성경암송 기도문〉으로 함께 기도합니다.

3 말씀암송 구호를 큰소리로 외쳐보아요.

"할렐루야 예수님의 참제자, 주 안에서 항상 기기감찬순, 변나명용 롬팔이팔, 살아계신 하나님의 말씀"을 큰 소리로 외치고 암송을 시작합니다.

4 크게 소리내어 또박또박 말씀을 하니비 암송법으로 낭송합니다.

말씀암송은 말씀을 암기하는 것과 다르게 소리 내어 반복해서 말씀을 낭독, 선포하는 것입니다. 하니비 암송법을 따라 짧게 끊어서 꾸준히 반복하다 보면 어느덧 말씀이 입에 익숙해지는 것을 경험하게 될 것입니다.

하니비 암송법은 꿀을 향하여 날아가는 꿀벌의 반복된 행동에서 착안한 암송 방법입니다. 암송은 반복과 지속이 중요합니다. 반복할수록 꿀송이처럼 달고 오묘한 은혜를 누리게 됩니다.

암송이 진행되는 각 단계마다 여백에 부모가 꿀송이처럼 달고 향긋한 칭찬과 격려의 말을 아낌없이 표현해주세요. 그리고 자녀가 암송하는 모습을 담은 사진이나 예쁜 스티커를 붙여서 부모의 깊은 관심을 보여주세요.

5 손가락을 꼽아가며, 몸을 앞뒤 좌우로 움직이면서 한 절 한 절 암송하면 두뇌 발달에 도 많은 유익이 있습니다.

손과 발은 뇌에서 거리가 가장 먼 신경에 해당합니다. 손가락을 한 절 한 절 꼽고, 몸을 좌우 앞뒤로 움직이며 암송하면 혈액순환과 신경계에 미치는 말씀의 능력을 심어주게 됩니다. 어려서부터 온몸으로 말씀을 암송할 수 있도록 도와주세요.

6 엄마의 아름다운 목소리와 함께 즐겁게 말씀암송 가정예배를 드려요.

자녀는 어릴수록 기억력이 좋아서 장난감을 가지고 놀면서도 엄마가 즐겁게 암송하는 소리를 몇 차례 들으면 웬만한 말씀은 쉽게 암송하는 경우가 많습니다.
그러므로 우격다짐으로 암송을 강요하는 대신, 엄마가 먼저 기쁜 마음으로 소리 높여서 암송을 반복한 다음, 하니비 암송법으로 조금씩 가르치기 시작하면 거부감 없이 쉽게 암송을 하게 될 것입니다.

7 303비전 꿈나무 모범생 & 장학생에 도전해 보아요.

말씀암송은 중도에 쉬지 않고 끝까지 지속해야 하는데 이것이 가장 큰 난제입니다. 이를 위하여 2007년 5월부터 '303비전 꿈나무 모범생 및 으뜸모범생, 장학생' 선발제도를 출범하였습니다. 303비전본부는 소정의 요절을 암송하여 선발된 어린이들을 사명감을 가지고 그 부모님들과 협력하여 지속적으로 암송시킴으로써 그들이 그리스도의 참제자의 자질을 갖추도록 도와줄 것입니다.

8 303비전 왐클럽(Wise Mother's Club)을 만들어 엄마의 거룩한 매임으로 꾸준히 암송할 수 있습니다.

엄마가 혼자서 자녀와 함께 말씀암송을 지속하는 것은 결코 쉬운 일이 아닙니다. 그래서 1,2단계 유니게 과정을 마친 엄마들이 모여 말씀암송의 거룩한 매임을 지속하게 된 303비전 '왐클럽'(Wise Mothers Club: 와이즈마더즈클럽)에 참여하시면 많은 도움을 얻을 수 있습니다.

303비전 사명 선언문

할렐루야! 예수님의 참제자
주 안에서 항상 기기감찬순
변나명용 롬팔이팔!

1. 우리는 303비전으로
다음세대를 준비하는 사명자이다.

2. 우리는 303비전을 위하여
말씀암송 가정예배를 지속한다.

3. 우리는 주 안에서 항상
기기감찬순의 정신을 실천한다.

4. 우리는 역경의 때를 극복하기 위하여
변나명용 롬팔이팔을 기억한다.

5. 우리는 예수님의 참제자로서
주 안에서 즐겨 바보 되고, 기뻐 손해 본다.

6. 우리는 303비전으로 산다.

303비전이란?

30년 x 3세대 성경암송으로 자녀교육의 비전

1. 교육은 100년, 곧 30년을 한 세대로
3세대에 걸쳐 이루어집니다.

2. 암송의 달란트를 받은 어릴 때부터
말씀암송을 체질화시킵니다.

3. 가정과 교회교육의 우선순위를
말씀암송 훈련으로 삼습니다.

4. 말씀암송과 묵상, 적용, 실천으로
말씀의 생활화를 정착시킵니다.

5. 30년 후에는 이렇게 자란 303비전
1세대들이 이 민족을 책임집니다.

6. 30년 후에는 303비전 1세대 선교사가
온 세계로 나가 세계 복음화에 헌신합니다.

7. 60년, 100년 후에는 303비전교육으로 말미암아
이 나라와 온 세계가 하나님의 나라로 바뀔 것입니다.

303비전 꿈나무

모범생 & 장학생 선발

303비전 꿈나무 모범생 선발 기준

1단계 100절 : 생후~초등학교 4학년(10세)까지		
연령	선발 기준(해당 암송 구절)	누적 구절
생후~초등 1학년 7세	고전 13:1-13* | 신 6:4-9 | 롬 3:23,24 갈 2:20 | 마 7:7-14 | 시 1:1-6* | 시 23:1-6* 시 100:1-5* 총 47절	47절
초등 2학년 8세	마 5:1-16 | 살전 2:13 추가 17절	64절
초등 3학년 9세	요 1:1-18 | 고후 5:17 추가 19절	83절
초등 4학년 10세	요 15:1-17 추가 17절	100절

1·2단계 200절 : 중학교 3학년(15세)까지		
연령	선발 기준(해당 암송 구절)	누적 구절
초등 5학년 11세	창 1:1 | 출 20:1-11 추가 12절	112절
초등 6학년 12세	출 20:12-21 추가 10절	122절
중학 1학년 13세	신 28:1-6 | 수 1:8,9 | 수 6:1-3 | 시 8:1-9* 창 12:1-4 | 시 150:1-6* 추가 30절	152절
중학 2학년 14세	사 1:18-20 | 사 14:24-27 | 잠 16:1-9 시 107:9 | 잠 8:17 | 합 3:17-19* 추가 21절	173절
중학 3학년 15세	마 7:1-6 | 사 40:27-31* | 렘 33:1-3 마 11:28-30* | 사 41:10 | 행 1:1-8 | 마 6:33 추가 27절	200절

303비전 꿈나무

모범생 & 장학생 선발

303비전 꿈나무 지속장학생 선발 기준

3단계 100절 : 303비전 꿈나무 장학생 중 지속장학생이 되기 위한 추가 구절		
지속장학생 연령	선발 기준(해당 암송 구절)	누적 구절
초등 5학년 11세(지속장학생)	빌 4:1-23* 추가 23절	223절
초등 6학년 12세(지속장학생)	시 19:1-14* | 마 28:16-20* | 막 16:14-20* 추가 26절	249절
중학 1학년 13세(지속장학생)	시 42:1-5 | 말 4:1-6* | 마 10:16 눅 10:17-24 | 시 128:1-6* 추가 26절	275절
중학 2학년 14세(지속장학생)	시 103:1-5 | 롬 5:1-11 | 시 121:1-8* 시 119:97 추가 25절	300절

3단계 100절 과정은
303비전 꿈나무 장학생들 중에
해마다 선발하는
303비전 꿈나무 장학생을
지속하게 될 때의 선발 기준입니다.

장학생이 된 자녀들은
해마다 암송 구절을 늘려
암송을 지속하는
지속장학생 선발 자격을 얻게 됩니다.

303비전 꿈나무 모범생이 되려면

각 연령에 해당하는 암송 구절을 암송해야 합니다.

303비전 꿈나무 으뜸 모범생이 되려면

연령대별 모범생이 암송하는 총구절 2배 이상을 암송해야 합니다.

303비전 꿈나무 장학생이 되려면

303비전 꿈나무 으뜸 모범생으로 성경암송을 1년간 지속해야 합니다.

303비전 꿈나무 지속장학생이 되려면

303비전 꿈나무 장학생으로 매년 추가 구절을 암송해야 합니다.

303비전 꿈나무송 (꿈송)

303비전 꿈나무 주제가

작사 여운학, 2007.
작곡 베토벤, 1824.
새찬송가 64장 〈기뻐하며 경배하세〉 곡

1 말씀으로 천지 만물 아름답게 지으신
하나님의 크신 사랑 보답할길 없어라
영의 양식 말씀먹고 지혜롭게 자라자
새시대를 열어갈 303비전 꿈나무

2 말씀암송 천하무적 전신갑주 입고서
성령의 검 믿음방패 승리하며 살리라
정직하고 성실하게 말씀대로 살리라
하나님의 아들딸 303비전 꿈나무

3 말씀암송 우선순위 우리삶의 푯대라
말씀묵상 적용실천 우리세대 몫이라
말씀으로 승리하는 새시대의 사명자
예수님의 참제자 303비전 꿈나무

4 말씀암송 찬송기도 우리가정 예배로
사랑하는 부모형제 천국가정 이루리
오늘내일 빠짐없는 즐거움의 한시간
씩씩하게 자라갈 303비전 꿈나무

5 성경암송 가르치는 우리교회 학교라
선생님의 모범따라 암송교육 익혀서
우리모두 하나같이 암송모범생이라
의의나라 세워갈 303비전 꿈나무

엄마와 함께 암송한 하나님 말씀을

303비전성경암송학교 주제가 (맘송)

작사 여운학, 1999.
작곡 P.P 블리스, 1874.
새찬송가 200장 〈달고 오묘한 그 말씀〉 곡

1 엄마와 함께 암송한 하나님 말씀을
내 평생 묵상하면서 내 양식 삼으니
나의 모든 삶이 말씀으로 찼네
복되고도 즐겁도다 묵상의 삶이여
어린시절 외운말씀 영원한 보배라

2 어릴 때 즐겨 암송한 진리의 말씀이
어려울 때나 슬플 때 참된위로 주시고
주의 선하신 뜻을 밝히 보이시네
복되고도 즐겁도다 묵상의 삶이여
어린시절 외운말씀 영원한 보배라

3 힘써서 외운 이말씀 생명의 말씀이
믿는자 마음속에서 역사하시도다
신비한 능력의 말씀 내 생명 깨워주시네
복되고도 즐겁도다 묵상의 삶이여
어린시절 외운말씀 영원한 보배라

태교의 노래

작사 여운학, 2005.
작곡 W.H.Donce, 1875.
새찬송가 380장 〈나의 생명 되신 주〉 곡

1 말씀이신 내 주여 주의 사랑 감사합니다
주의 크신 은혜로 주의 자녀 주셨사오니
낮이나 밤이나 주를 찬송하겠네
말씀암송하면서 주의 사랑 찬양합니다

2 진리이신 내 주여 주의 은혜 감사합니다
천하보다 더 귀한 태의 생명 받았사오니
이 생명 다하여 주께 충성하겠네
말씀 묵상하면서 주의 은혜 사모합니다

3 영원하신 내 주여 주의 권능 찬양합니다
나의 기도 들으사 귀한 자녀 주셨사오니
온 정성 다하여 주께 서원 갚겠네
말씀 순종하면서 주의 뜻을 이루렵니다

4 세상 모든 사람들 말씀태교 신비모르나
주의 말씀 태교로 빛 된 자녀 품게 하소서
이 영혼 이 가정 주의 도구 삼으사
주의 크신 역사로 신인류를 창조하소서

303비전 꿈나무

성경암송 기도문

하나님 아버지!
변함없는 은혜와 사랑에
감사드립니다.

지금 이 시간
말씀이신 하나님을
제 안에 모셔 들이려고 합니다.

보혜사 성령님!
이 시간 제 마음에
임하여 주세요.

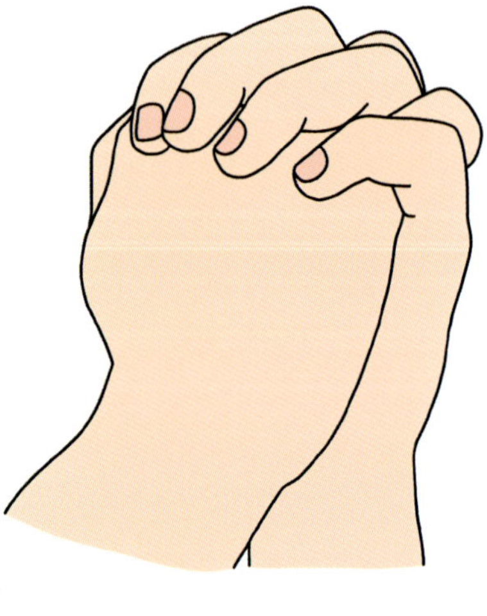

진리의 말씀을
사모하는 마음을 더하여 주시고
날마다 기쁨과 감사함으로
말씀을 암송하게 하시고
새 시대를 열어갈
303비전 꿈나무 가족답게
말씀암송과 기도로 거룩하게 하옵소서.

말씀대로 살게 하사
예수님의 참제자가 되게 하소서.

예수님의 이름으로 기도드립니다.
아멘.

말씀암송 가정예배 순서

A. 준비

1. 경건한 마음으로 예배드리기 위하여 자녀들의 얼굴, 손, 발을 깨끗이 합니다.
2. 깨끗한 잠옷으로 입히고, 내의만 입고 자는 아이들은 깨끗한 내의로 입습니다.
3. 아이들 각자의 꿈나무 암송노트와 일기장을 가지고 예배에 임합니다.

B. 권장사항

1. 자녀가 5세 이상일 경우, 인도를 자녀에게 맡겨도 됩니다.
2. 자녀의 인도가 부족하더라도 칭찬과 격려를 아끼지 마십시오.
3. 설교 대신 함께 큰 소리로 암송 또는 읽기를 하십시오.
4. 자녀의 질문이 있을 때에는 질문에 대한 칭찬을 해준 후, 왜 그런 생각을 하게 되었는가를 물어보고 스스로 정답을 찾아가도록 인도합니다.
5. 자녀가 둘 이상일 경우, 서로의 의견을 존중하면서 각자 자기의 의견을 자신있게 표현하도록 합니다.
6. 거룩하신 하나님께 드리는 예배임을 알리고, 장난스럽게 하거나 자세가 흐트러지게 하지 않도록 하되 기쁘고 즐거운 분위기를 이루도록 합니다.
7. 자녀의 자세가 흐트러지고 드러누워 버리게 되더라도 예배를 중단하지 말고 즐거운 마음으로 오직 하나님께만 집중합니다.

C. 예배 순서

1. 꿈나무송(꿈송)과 유니게송(맘송)을 빠른 템포로 힘차고 신나게 부릅니다.
2. 자녀들이 교회학교에서 배운 찬송도 원하면 함께 불러도 됩니다.
3. 암송기도문으로 함께 기도합니다.
4. 오늘의 말씀을 다 같이 암송합니다. 분량이 많아지면 오늘과 내일로 나누어서 암송합니다.
5. 암송하지 못하는 사람은 읽어도 괜찮습니다.
6. 오늘 암송한 말씀의 뜻이나 느낀 점을 나눕니다.
7. 기도제목을 가지고 서로를 위하여 기도합니다.
   자녀는 부모를 위하여, 형제를 위하여, 이웃을 위하여, 교회와 나라를 위하여 기도합니다.
8. 마무리로 부모님이 자녀를 위하여 축복기도를 드립니다.
9. 예배 후 각자 암송일기를 쓰는 것을 습관화합니다.

하니비 암송법이란?

꿀벌(honey-bee)은 꿀을 얻기 위해 이른 아침부터 여러 곳을 날아다닙니다. 그러다가 맛있는 꿀을 발견하면 춤을 춰서 동료들에게 그 정보를 알립니다. 아주 좋은 꿀의 출처를 발견한 정찰 벌은 몇 시간, 혹은 하루종일 쉬지 않고 춤을 춘다고 합니다.

꿀벌의 날갯짓은 1초에 200번을 넘습니다. 단지 공중에 머물러 있기 위해서만도 이 정도 날갯짓을 합니다. 꿀 1킬로그램을 모으기 위해서는 지구 한 바퀴 거리를 비행합니다. 꽃에 앉아 꿀을 빨 때도 가만히 있지 않고 뒷다리로 쉴 새 없이 꽃가루를 모읍니다.

꿀벌이 그 작은 몸으로 몇 킬로미터 밖에 멀리 떨어져 있는 꽃으로 날아가서 꿀을 따오는 방법은 기가 막힐 정도로 과학적입니다.

이를테면, 1킬로미터의 거리를 단번에 날아가는 것이 아니라, 300미터까지 공중으로 날아갔다가 다시 돌아오고, 다시 600미터, 다시 1킬로미터 이런 식으로 거리를 넓혀가며 날아가서 꿀을 딴 후에 돌아옵니다.

이 꿀벌에게서 얻은 암송법이 하니비 암송법입니다.

예를 들어, 요한복음 15장 5절은 약간 길지만, 하니비 암송법으로 암송하면 쉽게 암송할 수 있답니다.

① 나는 포도나무요 너희는 가지라
그가 내 안에, 내가 그 안에 거하면
② 사람이 열매를 많이 맺나니
③ 나를 떠나서는 너희가 아무것도 할 수 없음이라

먼저 ①을 다섯 번 암송하되 완행열차식으로 천천히 출발하여 급행열차식으로 빨리 반복 암송하면, 글을 보지 않고도 절로 입에서 술술 나옵니다.
다음은 ②를 그리한 다음, ①②를 붙여서 한꺼번에 다섯 번 반복합니다.
마지막으로, ③을 그리한 다음 ①②③을 단번에 암송하면, 처음에 길게 보이던 말씀을 거뜬히 암송하게 됩니다.

이것이 하니비 암송법입니다.

303비전 꿈나무 3단계

마땅히 행할 길을 아이에게 가르치라
그리하면 늙어도 그것을 떠나지 아니하리라 [잠 22:6]

+ 23절 = 총 23절

빌립보서 4:1-23*	23절	32p

+ 26절 = 총 49절

시편 19:1-14*	14절	44p
마태복음 28:16-20*	5절	51p
마가복음 16:14-20*	7절	55p

+ 26절 = 총 75절

시편 42:1-5	5절	62p
말라기 4:1-6*	6절	67p
마태복음 10:16	1절	72p
누가복음 10:17-24	8절	75p
시편 128:1-6*	6절	81p

+ 25절 = 총 100절

시편 103:1-5	5절	88p
로마서 5:1-11	11절	93p
시편 121:1-8*	8절	99p
시편 119:97	1절	106p

손가락을 꼽으면서
정확하게 암송해보세요

너는 진리의 말씀을 옳게 분별하며
부끄러울 것이 없는 일꾼으로 인정된 자로
자신을 하나님 앞에 드리기를 힘쓰라

[딤후 2:15]

Do your best to present yourself to God as one approved,
a worker who does not need to be ashamed
and who correctly handles the word of truth.

초등학교 5학년(11세)까지

총 23절

빌립보서 4:1-23*

빌립보서 4:1-23*

사랑 어린 문안

1 그러므로 나의 사랑하고 사모하는 형제들,
나의 기쁨이요 면류관인 사랑하는 자들아
이와 같이 주 안에 서라

2 내가 유오디아를 권하고
순두게를 권하노니
주 안에서 같은 마음을 품으라

3 또 참으로 나와 멍에를 같이한 네게 구하노니
복음에 나와 함께 힘쓰던
저 여인들을 돕고
또한 글레멘드와 그 외에
나의 동역자들을 도우라
그 이름들이 생명책에 있느니라

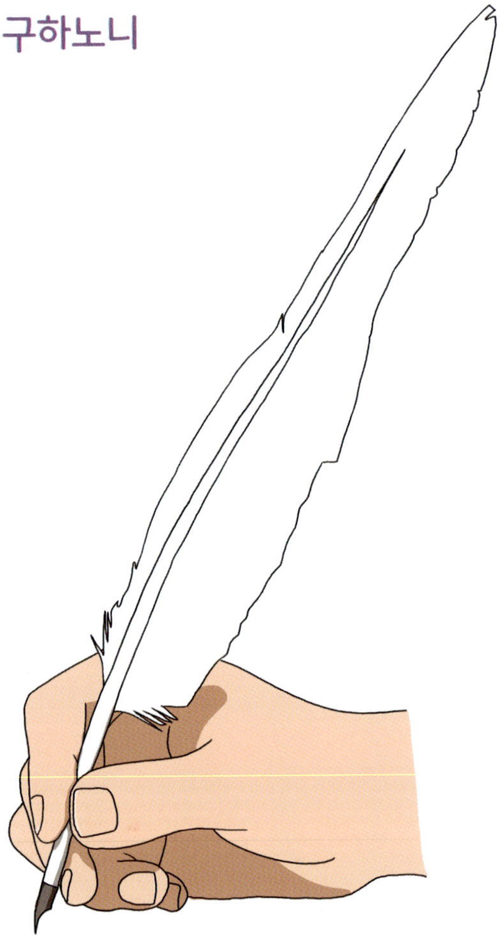

빌립보서 4:1-23*

기쁨, 관용, 기도

4 주 안에서 항상 기뻐하라
내가 다시 말하노니 기뻐하라

5 너희 관용을 모든 사람에게 알게 하라
주께서 가까우시니라

6 아무것도 염려하지 말고
다만 모든 일에 기도와 간구로,
너희 구할 것을 감사함으로 하나님께 아뢰라

7 그리하면 모든 지각에 뛰어난 하나님의 평강이
그리스도 예수 안에서
너희 마음과 생각을 지키시리라

빌립보서 4:1-23*

지도자의 덕목

8 끝으로 형제들아
무엇에든지 참되며
무엇에든지 경건하며
무엇에든지 옳으며
무엇에든지 정결하며
무엇에든지 사랑받을 만하며
무엇에든지 칭찬받을 만하며
무슨 덕이 있든지
무슨 기림이 있든지
이것들을 생각하라

9 너희는 내게 배우고 받고
듣고 본 바를 행하라
그리하면 평강의 하나님이
너희와 함께 계시리라

빌립보서 4:1-23*

믿는 자의 풍요

10 내가 주 안에서 크게 기뻐함은
너희가 나를 생각하던 것이
이제 다시 싹이 남이니
너희가 또한 이를 위하여
생각은 하였으나 기회가 없었느니라

11 내가 궁핍하므로 말하는 것이 아니니라
어떠한 형편에든지
나는 자족하기를 배웠노니

12 나는 비천에 처할 줄도 알고
풍부에 처할 줄도 알아
모든 일 곧 배부름과 배고픔과
풍부와 궁핍에도 처할 줄 아는
일체의 비결을 배웠노라

빌립보서 4:1-23*

믿는 자의 능력

13 내게 능력 주시는 자 안에서
내가 모든 것을 할 수 있느니라

14 그러나 너희가 내 괴로움에
함께 참여하였으니 잘하였도다

15 빌립보 사람들아 너희도 알거니와
복음의 시초에 내가 마게도냐를 떠날 때에
주고 받는 내 일에 참여한 교회가
너희 외에 아무도 없었느니라

16 데살로니가에 있을 때에도
너희가 한 번뿐 아니라
두 번이나 나의 쓸 것을 보내었도다

빌립보서 4:1-23*

향기로운 제물

17 내가 선물을 구함이 아니요
오직 너희에게 유익하도록
풍성한 열매를 구함이라

18 내게는 모든 것이 있고 또 풍부한지라
에바브로디도 편에 너희가 준 것을 받으므로
내가 풍족하니
이는 받으실 만한 향기로운 제물이요
하나님을 기쁘시게 한 것이라

19 나의 하나님이 그리스도 예수 안에서
영광 가운데 그 풍성한 대로
너희 모든 쓸 것을 채우시리라

20 하나님 곧 우리 아버지께
세세 무궁하도록 영광을 돌릴지어다 아멘

빌립보서 4:1-23*

사랑의 문안

21 그리스도 예수 안에 있는 성도에게
각각 문안하라
나와 함께 있는 형제들이
너희에게 문안하고

22 모든 성도들이 너희에게 문안하되
특히 가이사의 집 사람들 중 몇이니라

23 주 예수 그리스도의 은혜가
너희 심령에 있을지어다

빌립보서 4장 전장 1절부터 23절까지의 말씀 아멘

믿는 자의 풍요와 능력, 말씀 쓰기

빌립보서 4장 10절부터 13절까지

가족과 함께 말씀을 찾아보아요.

괄호를 채워 가며 암송해요.

기쁨, 관용, 기도

4 주 안에서 (________________)
내가 다시 말하노니 (__________)

5 너희 (______)을 (___________)에게
알게 하라
(________) 가까우시니라

6 아무것도 (__________) 말고
다만 모든 일에 (________________),
너희 구할 것을 (________)으로
(________)께 아뢰라

7 그리하면 (___________)에 뛰어난
(________________)이
(________________) 안에서
너희 (______)과 (______)을 지키시리라

암송 감사일기

년 월 일

우리가 그에게서 듣고 너희에게 전하는 소식은 이것이니
곧 하나님은 빛이시라
그에게는 어둠이 조금도 없으시다는 것이니라

[요일 1:5]

This is the message we have heard from him
and declare to you: God is light;
in him there is no darkness at all.

초등학교 6학년(12세)까지

+ 26절 = 총 49절

시편 19:1-14*

마태복음 28:16-20*

마가복음 16:14-20*

시편 19:1-14*

하나님의 일하심

1 하늘이 하나님의 영광을 선포하고
궁창이 그의 손으로
하신 일을 나타내는도다

2 날은 날에게 말하고
밤은 밤에게 지식을 전하니

3 언어도 없고 말씀도 없으며
들리는 소리도 없으나

4 그의 소리가 온 땅에 통하고
그의 말씀이 세상 끝까지 이르도다
하나님이 해를 위하여
하늘에 장막을 베푸셨도다

시편 19:1-14*

말씀의 능력

5 해는 그의 신방에서 나오는 신랑과 같고
그의 길을 달리기 기뻐하는 장사 같아서

6 하늘 이 끝에서 나와서
하늘 저 끝까지 운행함이여
그의 열기에서 피할 자가 없도다

7 여호와의 율법은 완전하여
영혼을 소성시키며
여호와의 증거는 확실하여
우둔한 자를 지혜롭게 하며

8 여호와의 교훈은 정직하여
마음을 기쁘게 하고
여호와의 계명은 순결하여
눈을 밝게 하시도다

시편 19:1-14*

보배로운 말씀

9 여호와를 경외하는 도는
정결하여 영원까지 이르고
여호와의 법도
진실하여 다 의로우니

10 금 곧 많은 순금보다
더 사모할 것이며
꿀과 송이꿀보다 더 달도다

11 또 주의 종이 이것으로 경고를 받고
이것을 지킴으로 상이 크니이다

12 자기 허물을 능히 깨달을 자 누구리요
나를 숨은 허물에서 벗어나게 하소서

시편 19:1-14*

성도의 기원

13 또 주의 종에게
고의로 죄를 짓지 말게 하사
그 죄가 나를 주장하지 못하게 하소서
그리하면 내가 정직하여
큰 죄과에서 벗어나겠나이다

14 나의 반석이시요
나의 구속자이신 여호와여
내 입의 말과 마음의 묵상이
주님 앞에 열납되기를 원하나이다

시편 19편 전편 1절부터 14절까지의 말씀 아멘

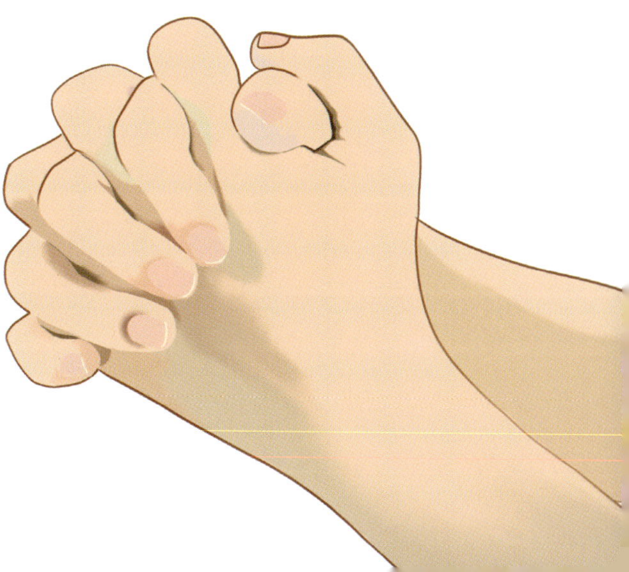

말씀의 능력, 말씀 쓰기

시편 19편 7절부터 10절까지

가족과 함께 말씀을 찾아보아요.

괄호를 채워 가며 암송해요.

하나님의 일하심

1 하늘이 (   )을 선포하고
(   )이 그의 손으로
(   )을 나타내는도다

2 (   )은 (   )에게 말하고
(   )은 (   )에게 (   )을 전하니

3 (   )도 없고 (   )도 없으며
들리는 (   )도 없으나

4 그의 (   )가 온 (   )에 통하고
그의 (   )이 세상 끝까지 (   )
하나님이 (   )를 위하여
하늘에 (   )을 베푸셨도다

암송 감사일기

년 월 일

나에게 말씀이란 무엇인가요?

마태복음 28:16-20*

예수님의 전도 명령

16 열한 제자가 갈릴리에 가서
예수께서 지시하신 산에 이르러

17 예수를 뵈옵고 경배하나
아직도 의심하는 사람들이 있더라

18 예수께서 나아와 말씀하여 이르시되
하늘과 땅의 모든 권세를 내게 주셨으니

19 그러므로 너희는 가서
모든 민족을 제자로 삼아
아버지와 아들과
성령의 이름으로 세례를 베풀고

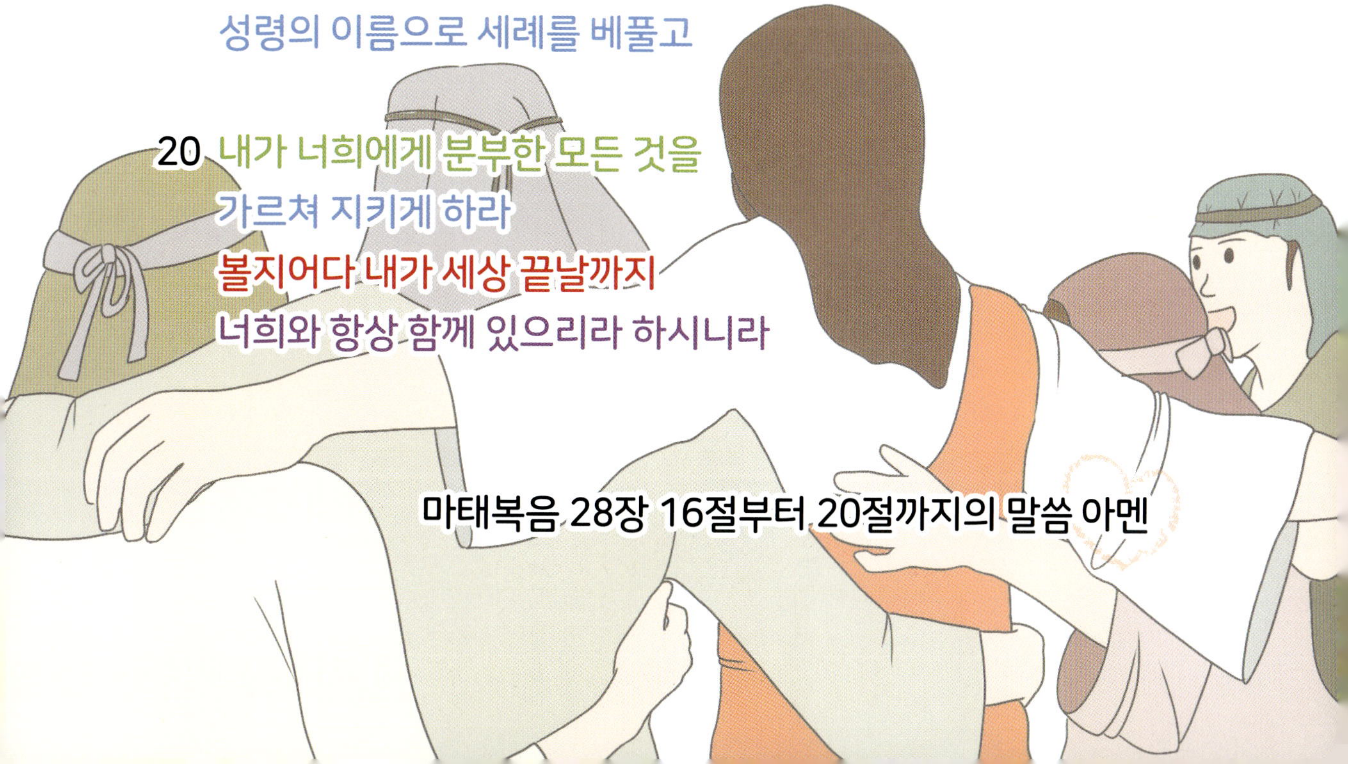

20 내가 너희에게 분부한 모든 것을
가르쳐 지키게 하라
볼지어다 내가 세상 끝날까지
너희와 항상 함께 있으리라 하시니라

마태복음 28장 16절부터 20절까지의 말씀 아멘

너희는 가서, 말씀 쓰기

마태복음 28장 19절, 20절

가족과 함께 말씀을 찾아보아요.

괄호를 채워 가며 암송해요.

너희는 가서

19 그러므로 너희는 (　　　　　)
모든 민족을 (　　　　　) 삼아
(　　　　　)와 (　　　　　)과
(　　　　　)의 이름으로 (　　　　　)를 베풀고

20 내가 너희에게 분부한 (　　　　　)을
(　　　　　) 하라
볼지어다 내가 (　　　　　)까지
너희와 항상 (　　　　　)
하시니라

암송 감사일기

년 월 일

마가복음 16:14-20*

예수님의 전도 명령 2

14 그 후에 열한 제자가 음식 먹을 때에
예수께서 그들에게 나타나사
그들의 믿음 없는 것과
마음이 완악한 것을 꾸짖으시니
이는 자기가 살아난 것을 본 자들의 말을
믿지 아니함일러라

15 또 이르시되 너희는 온 천하에 다니며
만민에게 복음을 전파하라

16 믿고 세례를 받는 사람은
구원을 얻을 것이요
믿지 않는 사람은 정죄를 받으리라

마가복음 16:14-20*

전도자의 능력

17 믿는 자들에게는 이런 표적이 따르리니
곧 그들이 내 이름으로
귀신을 쫓아내며 새 방언을 말하며

18 뱀을 집어 올리며
무슨 독을 마실지라도 해를 받지 아니하며
병든 사람에게 손을 얹은즉 나으리라 하시더라

19 주 예수께서 말씀을 마치신 후에
하늘로 올려지사
하나님 우편에 앉으시니라

20 제자들이 나가 두루 전파할새
주께서 함께 역사하사
그 따르는 표적으로
말씀을 확실히 증언하시니라

마가복음 16장 14절부터 20절까지의 말씀 아멘

예수님의 전도 명령, 말씀 쓰기

마가복음 16장 15절, 16절

가족과 함께 말씀을 찾아보아요.

괄호를 채워 가며 암송해요.

전도자의 능력

17 믿는 자들에게는 이런 (　　　　　)이 따르리니
곧 그들이 (　　　　　　　　)으로
(　　　　　)을 쫓아내며 (　　　　　　　　)을 말하며

18 (　　)을 집어 올리며
(　　　　　　　　)을 마실지라도
(　　)를 받지 아니하며
(　　　　　　　　　　)에게 손을 얹은즉
(　　　　　　　　　) 하시더라

암송 감사일기

년 월 일

말씀암송구호를 외치며 선포해요

할렐루야 예수님의 참제자
주 안에서 항상 기기감찬순
변나명용 롬팔이팔
살아계신 하나님의 말씀

고난은
변장하고 오는 하나님의 축복이다.
하나님의 기상나팔소리이다.
하나님의 명품만들기이다.
하나님의 용광로이다.

중학교 1학년(13세)까지

+ 26절 = 총 75절

시편 42:1-5
말라기 4:1-6*
마태복음 10:16
누가복음 10:17-24
시편 128:1-6*

시편 42:1-5

목마른 사슴처럼

1 하나님이여 사슴이
시냇물을 찾기에 갈급함같이
내 영혼이 주를 찾기에 갈급하니이다

2 내 영혼이 하나님 곧
살아 계시는 하나님을 갈망하나니
내가 어느 때에 나아가서
하나님의 얼굴을 뵈올까

3 사람들이 종일 내게 하는 말이
네 하나님이 어디 있느뇨 하오니
내 눈물이 주야로
내 음식이 되었도다

시편 42:1-5

하나님을 바라라

4 내가 전에 성일을 지키는 무리와 동행하여
기쁨과 감사의 소리를 내며
그들을 하나님의 집으로 인도하였더니
이제 이 일을 기억하고
내 마음이 상하는도다

5 내 영혼아 네가 어찌하여 낙심하며
어찌하여 내 속에서 불안해 하는가
너는 하나님께 소망을 두라
그가 나타나 도우심으로 말미암아
내가 여전히 찬송하리로다

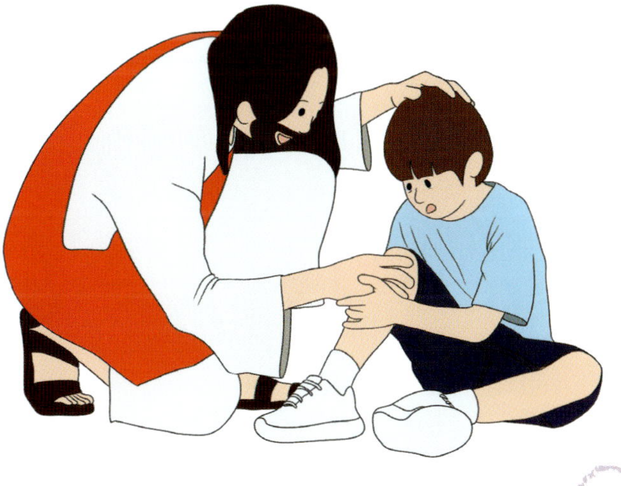

시편 42편 1절부터 5절까지의 말씀 아멘

하나님을 바라라, 말씀 쓰기

시편 42편 1절, 5절

가족과 함께 말씀을 찾아보아요.

괄호를 채워 가며 암송해요.

목마른 사슴처럼

1 하나님이여 (　　　　)이
(　　　　　　)을 찾기에 (　　　　　　)같이
내 (　　　　)이 주를 찾기에 (　　　　)하니이다

2 내 (　　　　)이 (　　　　　　) 곧
살아 계시는 (　　　　　　)을 (　　　　)하나니
내가 (　　　　　　)에 나아가서
(　　　　　　)의 (　　　　)을 뵈올까

3 사람들이 (　　　　) 내게 하는 말이
네 (　　　　　　)이 어디 있느뇨 하오니
내 (　　　　)이 (　　　　)로
내 (　　　　)이 되었도다

암송 감사일기

년 월 일

지금 나의 간절한 기도제목

말라기 4:1-6*

치료하는 광선

1 만군의 여호와가 이르노라
보라 용광로 불 같은 날이 이르리니
교만한 자와 악을 행하는 자는
다 지푸라기 같을 것이라
그 이르는 날에 그들을 살라
그 뿌리와 가지를 남기지 아니할 것이로되

2 내 이름을 경외하는 너희에게는
공의로운 해가 떠올라서
치료하는 광선을 비추리니
너희가 나가서 외양간에서 나온
송아지같이 뛰리라

3 또 너희가 악인을 밟을 것이니
그들이 내가 정한 날에
너희 발바닥 밑에 재와 같으리라
만군의 여호와의 말이니라

말라기 4:1-6*

율례와 법도를 기억하라

4 너희는 내가 호렙에서
온 이스라엘을 위하여
내 종 모세에게 명령한 법
곧 율례와 법도를 기억하라

5 보라 여호와의 크고
두려운 날이 이르기 전에
내가 선지자 엘리야를
너희에게 보내리니

6 그가 아버지의 마음을
자녀에게로 돌이키게 하고
자녀들의 마음을
그들의 아버지에게로
돌이키게 하리라
돌이키지 아니하면 두렵건대
내가 와서 저주로
그 땅을 칠까 하노라 하시니라

말라기 4장 전장 1절부터 6절까지의 말씀 아멘

치료하는 광선, 말씀 쓰기

말라기 4장 1절, 2절

가족과 함께 말씀을 찾아보아요.

괄호를 채워 가며 암송해요.

치료하는 광선

1 만군의 (__________)가 이르노라
보라 (__________) 불 같은 날이 이르리니
(______________)와 (___)을 행하는 자는
다 (_____________) 같을 것이라
그 이르는 (___)에 그들을 (______)
그 (______)와 (______)를 남기지 아니할 것이로되

2 내 (______)을 (______)하는 너희에게는
(_________________)가 떠올라서
(______)하는 (______)을 비추리니
너희가 나가서 (__________)에서 나온
(__________)같이 뛰리라

3 또 너희가 (______)을 (______) 것이니
그들이 내가 (__________)에 너희 (__________) 밑에
(___)와 같으리라 (______)의 여호와의 (___)이니라

암송 감사일기

년 월 일

주위에 아픈 친구나 가족이 있나요?

이름을 불러가며 기도해보아요.

마태복음 10:16

전도의 지혜

16 보라 내가 너희를 보냄이
양을 이리 가운데로 보냄과 같도다
그러므로 너희는 뱀같이 지혜롭고
비둘기같이 순결하라

마태복음 10장 16절 말씀 아멘

Quiz

위 말씀에 나오는 동물을 모두 써보세요.

전도의 지혜, 말씀 쓰기

마태복음 10장 16절

암송 감사일기

년 월 일

누가복음 10:17-24

전도자에게 주는 권세

17 칠십 인이 기뻐하며 돌아와 이르되
주여 주의 이름이면
귀신들도 우리에게 항복하더이다

18 예수께서 이르시되
사탄이 하늘로부터
번개같이 떨어지는 것을
내가 보았노라

19 내가 너희에게 뱀과 전갈을 밟으며
원수의 모든 능력을
제어할 권능을 주었으니
너희를 해칠 자가 결코 없으리라

누가복음 10:17-24

예수님의 기뻐하심

20 그러나 귀신들이 너희에게
항복하는 것으로 기뻐하지 말고
너희 이름이 하늘에 기록된 것으로
기뻐하라 하시니라

21 그 때에 예수께서
성령으로 기뻐하시며 이르시되
천지의 주재이신 아버지여
이것을 지혜롭고
슬기 있는 자들에게는 숨기시고
어린아이들에게는
나타내심을 감사하나이다
옳소이다 이렇게 된 것이
아버지의 뜻이니이다

누가복음 10:17-24

보는 바를 보는 눈

22 내 아버지께서 모든 것을 내게 주셨으니
아버지 외에는 아들이
누구인지 아는 자가 없고
아들과 또 아들의 소원대로
계시를 받는 자 외에는
아버지가 누구인지
아는 자가 없나이다 하시고

23 제자들을 돌아보시며 조용히 이르시되
너희가 보는 것을
보는 눈은 복이 있도다

24 내가 너희에게 말하노니
많은 선지자와 임금이
너희가 보는 바를 보고자 하였으되
보지 못하였으며
너희가 듣는 바를 듣고자 하였으되
듣지 못하였느니라

누가복음 10장 17절부터 24절까지의 말씀 아멘

보는 바를 보는 눈, 말씀 쓰기

누가복음 10장 23절, 24절

가족과 함께 말씀을 찾아보아요.

괄호를 채워 가며 암송해요.

예수님의 기뻐하심

20 그러나 (　　　　)들이 너희에게
(　　　　)하는 것으로 (　　　　)하지 말고
너희 (　　　　)이 (　　　　)에
(　　　　)된 것으로 (　　　　)하라 하시니라

21 그 때에 (　　　　)께서
(　　　　)으로 (　　　　)하시며 이르시되
(　　　　)의 (　　　　)이신 아버지여
이것을 (　　　　)롭고
(　　　　) 있는 자들에게는 (　　　　　　　　)
(　　　　　　　　)에게는
나타내심을 (　　　　)하나이다
옳소이다 이렇게 된 것이
(　　　　　　)의 (　　)이니이다

암송 감사일기

년 월 일

나에게 말씀이란 무엇인가요?

시편 128:1-6*

신령한 복

1 여호와를 경외하며
그의 길을 걷는 자마다 복이 있도다

2 네가 네 손이 수고한 대로 먹을 것이라
네가 복되고 형통하리로다

3 네 집 안방에 있는 네 아내는
결실한 포도나무 같으며
네 식탁에 둘러앉은 자식들은
어린 감람나무 같으리로다

시편 128:1-6*

복된 가정

4 여호와를 경외하는 자는
이같이 복을 얻으리로다

5 여호와께서 시온에서
네게 복을 주실지어다
너는 평생에 예루살렘의 번영을 보며

6 네 자식의 자식을 볼지어다
이스라엘에게 평강이 있을지로다

시편 128편 전편 1절부터 6절까지의 말씀 아멘

복된 가정, 말씀 쓰기

시편 128편 1절부터 3절까지

가족과 함께 말씀을 찾아보아요.

괄호를 채워 가며 암송해요.

신령한 복

4 (　　　　　　)를 (　　　　)하는 자는
이같이 (　　)을 얻으리로다

5 (　　　　　　)께서 (　　　　)에서
네게 (　　)을 주실지어다
너는 (　　　　)에
(　　　　　　　　)의 (　　　　)을 보며

6 네 (　　　　)의 (　　　　)을 볼지어다
(　　　　　　　　)에게 (　　　　)이 있을지로다

암송 감사일기

년 월 일

가훈을 나누어보고 의미를 적어보아요

하니비 암송법으로
짧게 끊어 반복하며 암송해요

여호와께서 이르시되
내가 그들과 세운 나의 언약이 이러하니
곧 네 위에 있는 나의 영과 네 입에 둔 나의 말이
이제부터 영원하도록
네 입에서와 네 후손의 입에서와 네 후손의 후손의 입에서
떠나지 아니하리라 하시니라 여호와의 말씀이니라

[사 59:21]

"As for me, this is my covenant with them,"says the LORD. "My Spirit, who is on you, and my words that I have put in your mouth will not depart from your mouth, or from the mouths of your children, or from the mouths of their descendants from this time on and forever," says the LORD.

중학교 2학년(14세)까지

+ 25절 = 총 100절

시편 103:1-5

로마서 5:1-11

시편 121:1-8*

시편 119:97

시편 103:1-5

내 영혼아 여호와를 송축하라

1 내 영혼아 여호와를 송축하라
내 속에 있는 것들아
다 그의 거룩한 이름을 송축하라

2 내 영혼아 여호와를 송축하며
그의 모든 은택을 잊지 말지어다

3 그가 네 모든 죄악을 사하시며
네 모든 병을 고치시며

4 네 생명을 파멸에서 속량하시고
인자와 긍휼로 관을 씌우시며

5 좋은 것으로 네 소원을 만족하게 하사
네 청춘을 독수리같이
새롭게 하시는도다

시편 103편 1절부터 5절까지의 말씀 아멘

여호와를 송축하라, 말씀 쓰기

시편 103편 1절, 2절

색칠해보아요.

여호와를 송축하는 나의 영혼

송축하라 4행시를 지어보아요!

송 ____________________

축 ____________________

하 ____________________

라 ____________________

가족과 함께 말씀을 찾아보아요.

괄호를 채워 가며 암송해요.

청춘을 독수리같이

3 그가 네 모든 (　　　　)을 사하시며
네 모든 (　　)을 고치시며

4 네 (　　　　)을 (　　　　)에서 (　　　　)하시고
(　　　　　　　　　)로 (　　)을 씌우시며

5 (　　　　　　)으로 네 (　　　　)을
(　　　　)하게 하사
네 청춘을 (　　　　　)같이
(　　　　　　) 하시는도다

암송 감사일기

년 월 일

로마서 5:1-11

환난 중에도 즐거워하는 마음

1 그러므로 우리가 믿음으로
의롭다 하심을 받았으니
우리 주 예수 그리스도로 말미암아
하나님과 화평을 누리자

2 또한 그로 말미암아
우리가 믿음으로 서 있는
이 은혜에 들어감을 얻었으며
하나님의 영광을
바라고 즐거워하느니라

3 다만 이뿐 아니라
우리가 환난 중에도 즐거워하나니
이는 환난은 인내를,

4 인내는 연단을, 연단은 소망을
이루는 줄 앎이로다

로마서 5:1-11

우리가 아직 죄인 되었을 때에

5 소망이 우리를 부끄럽게 하지 아니함은
우리에게 주신 성령으로 말미암아
하나님의 사랑이
우리의 마음에 부은 바 됨이니

6 우리가 아직 연약할 때에
기약대로 그리스도께서
경건하지 않은 자를 위하여 죽으셨도다

7 의인을 위하여 죽는 자가 쉽지 않고
선인을 위하여 용감히 죽는 자가 혹 있거니와

8 우리가 아직 죄인 되었을 때에
그리스도께서 우리를 위하여 죽으심으로
하나님께서 우리에 대한
자기의 사랑을 확증하셨느니라

로마서 5:1-11

구원의 즐거움

9 그러면 이제 우리가
그의 피로 말미암아
의롭다 하심을 받았으니
더욱 그로 말미암아
진노하심에서 구원을 받을 것이니

10 곧 우리가 원수 되었을 때에
그의 아들의 죽으심으로 말미암아
하나님과 화목하게 되었은즉
화목하게 된 자로서는
더욱 그의 살아나심으로 말미암아
구원을 받을 것이니라

11 그뿐 아니라 이제
우리로 화목하게 하신
우리 주 예수 그리스도로 말미암아
하나님 안에서 또한 즐거워하느니라

로마서 5장 1절부터 11절까지의 말씀 아멘

우리가 아직, 말씀 쓰기

로마서 5장 6절, 8절, 10절

가족과 함께 말씀을 찾아보아요.

괄호를 채워 가며 암송해요.

환난 중에도 즐거워하는 마음

1 그러므로 우리가 (   )으로
(   ) 하심을 받았으니
우리 주 (   )로 말미암아
(   )과 (   )을 누리자

2 또한 그로 말미암아 우리가 (   )으로
서 있는 이 (   )에 (   )을
얻었으며 (   )의 (   )을 바라고
(   )

3 다만 이뿐 아니라 우리가 (   ) 중에도
(   )하나니
이는 (   )은 (   )를,

4 (   )는 (   )을,
(   )은 (   )을 이루는 줄 앎이로다

암송 감사일기

년 월 일

우리를 화평하게 하신 예수님에게 감사의 편지 쓰기

시편 121:1-8*

나의 도움은 오직 여호와

1 내가 산을 향하여 눈을 들리라
나의 도움이 어디서 올까

2 나의 도움은 천지를 지으신
여호와에게서로다

3 여호와께서 너를
실족하지 아니하게 하시며
너를 지키시는 이가
졸지 아니하시리로다

4 이스라엘을 지키시는 이는
졸지도 아니하시고
주무시지도 아니하시리로다

시편 121:1-8*

여호와는 너를 지키시는 자라

5 여호와는 너를 지키시는 이시라
여호와께서 네 오른쪽에서
네 그늘이 되시나니

6 낮의 해가 너를 상하게 하지 아니하며
밤의 달도 너를 해치지 아니하리로다

7 여호와께서 너를 지켜
모든 환난을 면하게 하시며
또 네 영혼을 지키시리로다

8 여호와께서 너의 출입을
지금부터 영원까지 지키시리로다

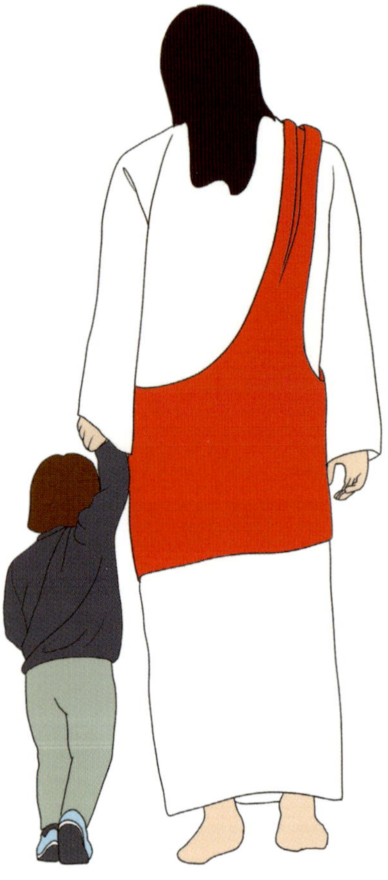

시편 121편 전편 1절부터 8절까지의 말씀 아멘

나의 도움은 오직 여호와,

말씀 쓰기

시편 121편 1절부터 3절까지

가족과 함께 말씀을 찾아보아요.

괄호를 채워 가며 암송해요.

여호와는 너를 지키시는 자라

5 여호와는 너를 (__________) 이시라
여호와께서 네 (__________)에서
네 (______)이 되시나니

6 낮의 (___)가 너를 (__________) 하지 아니하며
(___)의 (___)도 너를 (__________) 아니하리로다

7 여호와께서 너를 (______)
모든 (______)을 면하게 하시며
또 네 (______)을 지키시리로다

8 여호와께서 너의 (______)을
(______)부터 (______)까지 지키시리로다

깜짝 Quiz!

시편 121편에서 '여호와'라는 단어가

들어가지 않는 구절을 적어보아요.

색칠해보아요.

나를 지키시는 여호와

'여호와'로 3행시를 지어보아요!

여 ______

호 ______

와 ______

암송 감사일기

년 월 일

여호와 하나님은 우리 가정에 어떤 분인가요?

시편 119:97

말씀 사랑

97 내가 주의 법을
어찌 그리 사랑하는지요
내가 그것을 종일
작은 소리로 읊조리나이다

시편 119편 97절 말씀 아멘

말씀 사랑, 말씀 쓰기

시편 119편 97절

암송 감사일기

년 월 일

암송하면서 좋아하게 된 암송말씀을 써보아요.

말씀 한평생

여운학 장로

나는 내 혈관 속에 하나님의 말씀이
흐른다고 말하고 싶습니다.
눈만 뜨면, 그 달고 오묘한 말씀을
먹고 싶어 안달했던 시간이 수없이 많았지요.

비록 마흔이 넘어서 예수님을 구주로 모셔 들였지만,
하루에 세 갑씩 피우던 담배를 끊은 후
집과 직장에서 잠언, 전도서, 시편, 요한복음에 심취해
읽는 것만으로는 성에 차지 않아 우둔해진 머리로
암송하려 몸부림치던 일이 생생하게 떠오릅니다.

말씀을 암송한다는 건 정말 행복한 일입니다.
말씀에 심취해서 암송 묵상을 하다가 잠드는 건
마지막 순간까지 하나님과 영적 대화를 나누다가
하나님나라로 가는 예행연습이라고 생각합니다.
다른 무엇과도 비교할 수 없는,
다른 무엇에 빼앗길까 두려운 귀하고 복된 시간이지요.

《말씀 한평생》 본문 중

롬팔이팔

한창수 목사

내가 교회에 처음 나가게 된 것은
초등학교 4학년 여름이었다.
"창수야~ 교회 52번 가면 필통 준대이~"
친구가 자전거 타고 골목길을 지나며
우리 집 앞에서 던진 이 한마디가 빛이었다.
그 소리가 크게 내 귓전을 때렸고,
나는 밥 먹다가 숟가락을 던지고
친구의 자전거를 뒤따라 힘껏 달려갔다.
나는 그 길로 52번 교회에 출석했고,
52번 만에 필통을 받았다.
그리고 나서야 비로소 깨달았다.
그 필통이 52주 1년 개근상이었다는 것을.

하지만 그 52주 동안 하나님은
'내 인생'이라는 천지를 창조하고 계셨다.
흑암이 깊었던 내 인생에 빛을 만드시고
하나님나라를 만드시고 에덴동산을 만드셨다.
내가 느끼지도 못한 사이에
내 인생과 영혼을 만져주셨다.
하나님의 말씀이 빛으로 내 삶에 심겼고
나를 창조하고 조성하고 계셨다.

《롬팔이팔》 본문 중

고난극복 : 변나명용

한창수 목사

봄을 이길 수 있는 겨울은 없다.
끝나지 않을 것 같은 겨울이 어느새 지나가고
꽃이 만발하여 우리를 환영하듯이,
우리 각자의 삶이 겪고 있는 고난의 겨울도
예수님의 십자가를 묵상하는 동안에
부활의 생명으로 거듭나게 된다.

우리 인생을 짓누르는 고난의 겨울이 끝나고
생명의 봄으로 거듭나는 은혜가 십자가 복음이다.
고난은 생명으로 가는 길이며,
고난을 뚫고 나서야 하나님의 뜻을 알 수 있다.

우리의 고난의 길 끝에서 박수로 우리를 응원하며
끝까지 이 길을 달리도록 격려하는 분이 하나님이시다.
하나님께서 자기 백성을 신뢰하는 한, 고난은 축복이다.

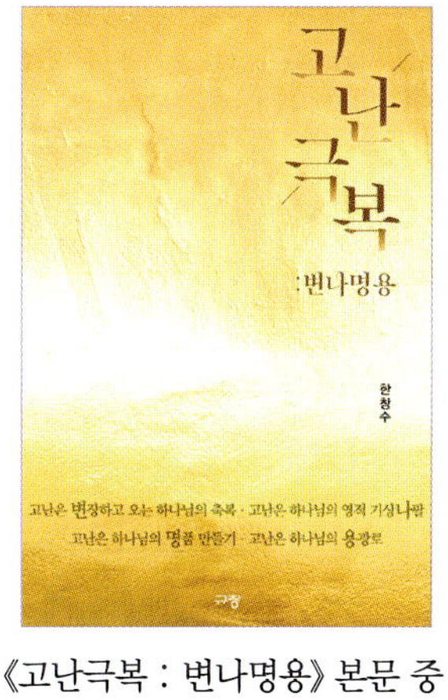

《고난극복 : 변나명용》 본문 중

303비전 꿈나무 성경암송노트 3단계

초판 1쇄 발행 2024년 12월 9일

엮은이 303비전성경암송학교

펴낸이 여진구
책임편집 최현수
편집 이영주 박소영 구주은 안수경 김도연 김아진 정아혜
책임디자인 조은혜 | 마영애 노지현
홍보 · 외서 진효지
마케팅 김상순 강성민 **마케팅지원** 최영배 정나영
제작 조영석 허병용 **경영지원** 김혜경 김경희

303비전성경암송학교 유니게 과정
이슬비전도학교 / 303비전성경암송학교 / 303비전꿈나무장학회

펴낸곳 규장

주소 06770 서울시 서초구 매헌로 16길 20(양재2동) 규장선교센터
전화 02)578-0003 **팩스** 02)578-7332
이메일 kyujang0691@gmail.com **홈페이지** www.kyujang.com
페이스북 facebook.com/kyujangbook **인스타그램** instagram.com/kyujang_com
카카오스토리 story.kakao.com/kyujangbook
등록일 1978.8.14. 제1-22

책값 뒤표지에 있습니다.
ISBN 979-11-6504-581-4 03230

규 | 장 | 수 | 칙

1. 기도로 기획하고 기도로 제작한다.
2. 오직 그리스도의 성품을 사모하는 독자가 원하고 필요로 하는 책만을 출판한다.
3. 한 활자 한 문장에 온 정성을 쏟는다.
4. 성실과 정확을 생명으로 삼고 일한다.
5. 긍정적이며 적극적인 신앙과 신행일치에의 안내자의 사명을 다한다.
6. 충고와 조언을 항상 감사로 경청한다.
7. 지상목표는 문서선교에 있다.

하나님을 사랑하는 자 곧 그의 뜻대로 부르심을 입은 자들에게는 모든 것이 合力하여 善을 이루느니라(롬 8:28)

Member of the
Evangelical Christian
Publishers Association

규장은 문서를 통해 복음전파와 신앙교육에 주력하는 국제적 출판사들의 협의체인 복음주의출판협회(E.C.P.A:Evangelical Christian Publishers Association)의 출판정신에 동참하는 회원(Associate Member)입니다.